CASAS del MUNDO

Pablo Aranda

CASAS del MUNDO

Ilustraciones de **Luisa Vera**

ANAYA

© Del texto: Pablo Aranda, 2018
© De las ilustraciones: Luisa Vera, 2018
© Grupo Anaya, S. A., 2018
Juan Ignacio Luca de Tena, 15. 28027 Madrid
www.anayainfantilyjuvenil.com
e-mail: anayainfantilyjuvenil@anaya.es

Diseño: Alejandra Navarro

1ª edición: octubre 2018

ISBN: 978-84-698-4710-7
Depósito legal: M-20006-2018

Impreso en España - Printed in Spain

Las normas ortográficas seguidas son las establecidas por la Real Academia
Española en la *Ortografía de la lengua española,* publicada en 2010.

PAPEL DE FIBRA
CERTIFICADO

ÍNDICE

La amiga de Hildur

Las ovejas balan, pero balan en el campo, no en el cuarto de Hildur, pensó su padre.

—A lo mejor es Hildur imitando a una oveja —dijo Ròs, la madre—. Aunque suena a oveja de verdad.

El dormitorio de los padres estaba al fondo de la casa, lo cual se agradecía en verano, cuando nunca se pone el sol. Te acuestas de día y te levantas de día. El cuarto de Hildur está en la planta de arriba y tiene una ventana desde la que se ve una interminable pradera verde.

—Hildur, cariño, me ha parecido oír a una oveja pero no puede ser... —dijo el padre llamando a la puerta del dormitorio de su hija.

—Estoy ensayando para una obra de teatro en el colegio. Hago de oveja.

El padre entró en el cuarto y vio a Hildur pidiéndole a la oveja que cerrase la boca.

—¡¿Qué hace una oveja en tu cuarto?!

—Tenía frío.

—Las ovejas no tienen frío.

—No es tan raro que tenga frío. En invierno llegamos a -20 °C, papá.

—Estamos en verano. Saca a la oveja de la casa.

—La oveja no, Frigg. Se llama Frigg.

—¿Quieres decir que la oveja...?

—Frigg.

—¿Quieres decir que Frigg tiene una llave de la casa, ha subido las escaleras, ha abierto tu puerta y ha entrado en tu dormitorio?

—Sí.

—¿Le damos un paseo a Frigg o prefieres que haga caca en tu cuarto? —preguntó el padre.

—Me quito el pijama y vamos.

—Ponte las botas y una chaqueta.

—¿Y salgo en pijama?

A Hildur no le importaba salir en pijama, pero imagínate que sale y justo en ese momento pasa por el camino Gunnar, su compañero de clase, qué vergüenza, ¿no? Al final se puso las botas y la chaqueta. Gunnar no se habría levantado, era sábado. Y si se hubiera levantado habría ido a pescar con su tío.

La oveja, o sea, Frigg, no quería salir. Por eso las autoridades sanitarias aconsejan que las ovejas no entren en los dormitorios infantiles, por si quieren quedarse ya para siempre allí.

Hildur tuvo una idea: bajaría a la cocina y cogería un poco de bacalao seco y un trozo de pan de centeno con mantequilla. Se lo ofrecería a Frigg y saldría.

—No funcionará. A las ovejas no les gusta el pescado —protestó el padre.

—A Frigg, sí.

—¿Cómo lo sabes?

—¿Cómo sabes tú que a mamá no le gusta la mermelada de arándanos?

—Porque vivo con ella.

—Pues Frigg vive conmigo, por eso lo sé.

Hildur salió y la oveja también, quiero decir Frigg, que baló. Volvió enseguida y el plan, aunque parezca mentira, funcionó. La madre se quedó con la boca abierta cuando vio a su hija y a su marido cruzar el salón seguidos de una oveja. La oveja se puso a comer la hierba que crecía sobre el tejado de la casa, pero después siguió a Hildur hacia donde estaba el resto del rebaño.

—Bueno, la historia ha tenido un final feliz —exclamó el padre.

Pero de final feliz nada. En el camino, mirando, estaba Gunnar, el amigo de Hildur.

—Pero Hildur —dijo Gunnar—, ¿qué haces saliendo en pijama de tu casa con una oveja?

CASA ENTERRADA

Debido al intenso frío, la madera no aísla lo suficiente, por eso en Islandia cubren algunas casas con tierra después de construirlas.

Sobre la tierra del tejado se deja crecer la hierba.

Uno de los lados de la casa se deja sin cubrir, para que entre luz y sus habitantes puedan entrar y salir de manera cómoda.

Antiguamente se construían con madera, pero hoy se utilizan materiales como el hormigón.

Los sueños de Anna

Mi madre dice que duermo demasiado. Lo que pasa es que las pequeñas olas del canal mecen la barcaza donde vivimos. Y claro, si estoy leyendo en la cama me quedo dormida de inmediato. Ayer fui en mi bicicleta amarilla al colegio y tuvimos una excursión. Fuimos a visitar la casa de Anna Frank, donde permaneció con su familia escondida de los nazis durante dos años. Yo también me llamo Anna y vivo muy cerca de la casa de Anna Frank. A veces mi madre se cree que me escondo, pero solo estoy durmiendo bajo la manta de colores que compramos en el lago Titicaca el verano pasado.

Anna Frank escribió un diario que yo he leído dos veces, aunque me da tanta tristeza que a veces me hace llorar. Yo tengo un diario donde escribo mis sueños. A veces hago trampas y apunto sueños falsos. Si una noche tengo una pesadilla, por la mañana escribo que he soñado con Nico, el pelirrojo de la clase de al lado, que venía a mi casa a estudiar. Como la barcaza tiene ventanales grandísimos hay mucha luz y por eso vino Nico. Bueno, por eso y porque le gusto. A ver, es mentira, o doble mentira, porque ni le gusto, creo, ni lo he soñado, pero en mi diario de sueños escribo lo que quiero. Además, también cuentan los sueños que sueño despierta, o sea no he mentido tanto.

Ayer soñé que el ancla y las cuerdas que fijan la plataforma donde está mi casa se soltaban. Mi casa navegaba a la deriva por los canales de Ámsterdam y llegaban al mar del norte. Era de noche y mi padre y mi madre no se daban cuenta, yo menos todavía. Rodeábamos Francia, Portugal, España e Italia, hasta llegar a Venecia, una ciudad que también tiene canales. Por la mañana me levantaba para ir al colegio y, después de desayunar, vi que la bicicleta no estaba.

—Papi, han robado la bici.

—¿No está tu bici?

—No, y Ámsterdam tampoco. Nos han dado un cambiazo.

La ciudad era muy extraña: no había bicis. Mi padre dijo que habría que buscar un colegio nuevo para mí y un trabajo para mi madre y para él.

Me acerqué a una niña y le pregunté cómo iba al colegio si no tenía bici. La niña se llamaba Francesca y me dijo que iba en *vaporetto,* que si quería podía ir con ella y su amigo Giuseppe, que era pelirrojo como Nico. Francesca me dijo que yo hablaba muy bien holandés y le dije que a lo mejor era porque soy holandesa y ella dijo: «claro, será eso».

—¿Dónde has aprendido holandés? —le pregunté.

—En realidad no sé holandés, pero esto es un sueño y te entiendo.

—¿En los sueños puedes hablar con quien quieras y entenderlo todo?

—En este sí. En otros puede haber un oso polar que quiera devorarte.

Después de clase, Francesca me invitó a su casa a merendar. Nos sentamos en un sofá para hacer los deberes y me quedé dormida. Es que en Venecia también se escucha el agua de fondo. Cuando me desperté, todo estaba oscuro y no vi a Francesca. Me lavé la cara y me di cuenta de que no había tenido que subir escaleras para ir al baño: estaba en mi casa. Amanecía y me asomé al ojo de buey de mi cuarto. El ojo de buey es la ventana redonda de los barcos. ¡Estaba en Ámsterdam!

Me preparé el desayuno y cogí mi diario para escribir el sueño antes de que se me olvidase. Abrí la puerta para irme al colegio y no os podéis creer lo que vi: junto a mi bicicleta amarilla estaba Nico, sonriéndome, apoyado en su bicicleta verde.

—Hola, Anna. Ayer se me olvidó la mochila del cole en la casa de Anna Frank y he venido a recogerla. Como vives cerca te he esperado para ir juntos al colegio, si no te importa.

—Claro que no, Nico.

—Tu casa es muy bonita.

—Gracias.

—Un día me encantaría verla por dentro.

—Si quieres vente por la tarde y hacemos juntos los deberes.

—Vale.

Por el camino, mientras pedaleaba junto a Nico, Anna se preguntaba si debería escribir lo que le estaba pasando. Era como un sueño, un sueño de los buenos, sin osos polares que quisieran devorarte.

CASA BARCO

Sobre el tejado se pueden colocar una mesa y unas sillas y se convierte en una terraza, a la que se sube desde una escalera que suele ser exterior.

La casa está en un barco que podría desplazarse, aunque como normalmente se quedan siempre en el mismo sitio, casi ninguna tiene motor. Para cambiarse de lugar habría que pedir un permiso.

Una rampa comunica la casa flotante con la calle, donde pueden dejarse las bicicletas.

En Ámsterdam hay unas 2500 casas flotantes.

Disponen de baño privado. El padre de Anna nunca se ha dejado levantada la tapa del váter. Bueno, sí, una vez cuando tenía seis años.

Algunas casas flotantes tienen más de cien años, pero están restauradas y tienen hasta calefacción.

Normalmente hay un salón con cocina abierta. Después de comer hay que fregar los platos, si no el barco parece una leonera. El salón puede tener chimenea.

El cumpleaños de Lars

Lena está tumbada en la cama, sobre el edredón. A su lado tiene un libro pero está mirando por el ventanal el paisaje blanco y verde. Lena reconoce los pasos de su madre en la escalera de madera. La madre llama a la puerta con los nudillos.

—Pasa, mamá —dice Lena.

—¿Cómo sabes que soy yo? Podría ser un oso polar —sonríe la madre.

—¿Un oso?

—Con este mal tiempo estoy blanquísima. Y como no hago otra cosa que preparar galletas me estoy poniendo muy gorda: parezco un oso polar. Anda, baja a merendar.

Le apetece bajar al salón para merendar con su madre, pero le fastidia saber que justo a esa hora Ingrid y Eva estarán en casa de Lars. ¿Por qué no la ha invitado a ella? Está anocheciendo y pronto no distinguirá la nieve de los árboles. Sobre el suelo de madera sus pasos suenan diferentes a los de su madre. Si su madre es un oso, ella es una loba. Sonríe con tristeza. Una loba buena a la que no han invitado.

Casi toda la planta baja la ocupa el salón. En una mesa hay dos tazones con leche caliente y un plato lleno de galletas. Le gusta merendar con su madre pero le gustaría también estar en casa de Lars, y no pasarse todo el sábado en su habitación. Los copos de nieve golpean con suavidad las cristaleras, y de repente vibra su teléfono. Un mensaje... ¡de Lars!

Hola Lena. Estamos en mi casa celebrando mi cumpleaños ¿te vienes? No me acordé de invitarte pero es que siempre se me olvidan las cosas más importantes.

La casa de Lars está en la ciudad, a unos quince kilómetros. Es de noche y está nevando, no puede ir en la bicicleta. Como no la había invitado no tiene un regalo preparado, pero tiene ganas de ir.

—Mamá, ¿puedes llevarme a casa de Lars? Están todos allí, es su cumpleaños.

—Claro, ¿qué le vas a regalar?

Lena mira el plato de galletas, seguro que a Lars le encantan, pero se han comido casi todas entre su madre y ella. Su madre se levanta para llevar el tazón a la cocina y sus pasos suenan blandos, suenan... ¡a oso!

Sube corriendo las escaleras y saca una camiseta blanca. Con un rotulador dibuja dos ojos a la altura del pecho. Ya está, sonríe, es una camiseta original, el retrato blanco de un oso polar. Extiende la camiseta en la cama. Le falta algo. Claro, la nariz. Dibuja un círculo negro en medio. Busca en el armario papel de regalo, pero nada. Le pregunta a su madre si ha terminado de leer el periódico y le dice que casi. Entonces coge las páginas centrales y envuelve la camiseta en papel de periódico.

—Mami, ¿cómo tengo el pelo?

—Mmmm... ¿desde cuándo no te lo lavas?

—Iba a ducharme esta noche.

Bah, no importa, está nevando, piensa: me pondré el gorro de lana y no me lo quitaré. En la cocina coge las tijeras y corta una tira de un trapo rojo. Rodea el paquete envuelto en papel de periódico con la tira de tela y hace un lazo. Con las dos manos se toca la barriga y calcula si aún queda espacio en su estómago para tarta. Por supuesto. Abraza a su madre, está tan contenta...

La madre conduce muy despacio por el camino que llega hasta la carretera. Cuando ven la señal que dice: Estocolmo, la madre gira a la derecha y aparca junto al edificio donde vive Lars.

—Mami, ¿en Suecia hay osos polares?

—Sí, uno. Yo.

—Nooo.

La madre le dice que la llame cuando terminen y que vendrá a recogerla. Lena la abraza y le promete que esa noche verán una película juntas. La madre le dice que ella también parece una osita, con esos pelos y oliendo a bosque. La madre la ve entrar en el edificio y baja la ventanilla. Hace mucho frío. A través de la ventana del tercer piso, donde vive Lars con su familia, se escucha cantar a un grupo de gente. La madre sonríe y conduce de vuelta a la casa del bosque.

CASA NÓRDICA

Los tejados son a dos aguas para evitar que se acumule mucha nieve.

El material principal es la madera, tanto para el interior como para la parte de fuera.

Las estancias son espaciosas y la decoración muy práctica, se utilizan pocos muebles y son muy cómodos.

Estas casas están situadas en plena naturaleza, junto a un bosque o un lago.

Cuentan con muchas y
amplias ventanas para
aprovechar al máximo
la luz.

A menudo pintan la fachada
de un color llamativo, pero el
interior se pinta de blanco.

Los suelos también son de
madera, por lo que se puede
andar descalzo sin que se te
congelen los pies.

El niño perdido

Uno de los agentes iluminó con una linterna la loma donde estaba la casa. Aún no había amanecido y las luces rojas y azules de la sirena del coche de policía barrían la fachada. El padre de Klaus ofreció café a los policías pero ellos se lo agradecieron y dijeron que ya habían tomado. Aunque el padre y la madre ya lo habían explicado todo por teléfono, los policías les pidieron que lo contaran de nuevo. A qué hora se dieron cuenta de que Klaus no estaba en la casa, si lo habían notado nervioso o enfadado.

Los escalones de madera crujieron cuando subieron a la planta donde se encontraban los dormitorios. Los policías observaron que la cama no estaba deshecha e intercambiaron miradas. Sobre la silla había unos pantalones y un jersey.

—¿Dónde suele dejar su hijo el pijama?

—Bajo la almohada —respondió la madre.

Levantaron la almohada y el pijama no estaba allí. Junto a la cama había unas zapatillas, pero no se veían zapatos en la habitación. Abrieron la puerta que daba al balcón, también de madera. La cara del policía cambió de color: azul, rojo, blanco.

—¿Qué hay en esa casa de madera?

—Ahí tenemos algunos animales.

—¿Le gustan a su hijo los animales?

—Mucho. Sobre todo las vacas. Le encanta ordeñarlas y él mismo hierve la leche.

La madre recordó cómo el domingo pasado Klaus ayudó a su padre a preparar requesón.

—Una de las vacas parió la semana pasada y él quiso estar durante el parto. El veterinario le dejó ayudarle.

—¿Tiene nombre la ternera? —preguntó el policía del bigote.

—Osa.

—¿Perdón?

—Osa. Klaus quería que la ternera se llamase Osa y así se llama. A Klaus le gustan los osos polares. Como les decía antes, es un niño.

—¿Podríamos acercarnos a ver esa ternera?

Bajaron las escaleras. La chimenea seguía encendida en el salón. Al abrir la puerta de la casa el frío les golpeó con fuerza y se subieron los cuellos de las chaquetas.

El policía más joven alumbró con la linterna el balcón del cuarto de Klaus, el tejado a dos aguas.

El caballo relinchó al sentirlos entrar en el establo. El padre encendió la luz y explicó lo que no hacía falta porque podía verse sin dificultad:

—A la derecha está el caballo. Ahí delante descansan unas pocas ovejas y al fondo tenemos las tres vacas y la ternera.

—¿Y ese animal sentado junto a la ternera con pijama, anorak y botas? —sonrió el policía del bigote.

—Creo que es un Klaus —sonrió la madre—. ¿Qué haces aquí, hijo?

Klaus estaba sentado en el suelo con la espalda contra la pared de madera. La ternera apoyaba la cabeza en su pierna.

—¿Qué ha ocurrido? —preguntó Klaus mirando a los policías.

—No te lo vas a creer —respondió el policía joven—. Un niño ha desaparecido.

—¿Y nadie sabe dónde está? —quiso saber Klaus.

—Sí, no te preocupes —contestó el policía del bigote—. Está con su ternera nueva.

Klaus sonrió.

—Perdonen las molestias —dijo la madre.

—Ojalá siempre que nos llamase alguien con un problema se resolviese de esta manera, señora.

—Klaus, vamos a la cama, anda —pidió el padre.

—¿Puedo tomarme antes un trozo de tarta de chocolate? —preguntó, y todos rieron.

CASA DEL TIROL

Los tejados son a dos aguas porque en invierno puede nevar mucho.

Las casas se levantan en parcelas muy amplias, a menudo en la parte alta de una loma.

Se construyen de madera, ya que en el Tirol abundan los bosques.

Junto a la casa principal hay otra casa de madera más pequeña para los animales.

POLIZEI

Casi todas las habitaciones tienen un balcón techado.

En el techo hay vigas gruesas de madera que refuerzan la estructura.

Los techos de la planta baja son muy altos.

Aunque hoy tienen calefacción se sigue encendiendo la chimenea.

Memoria selectiva

Francesca tiene memoria selectiva, por tamaños. No recuerda las cosas pequeñas. Su amiga Nicoletta piensa que le cae mal porque nunca la invita a su cumpleaños, porque como es tan delgada no se acuerda de ella. Sí, invita a Giuseppe, el más grande de la clase. Giuseppe está en el equipo de baloncesto y un día metió un triple, pero se equivocó de canasta y los tres puntos fueron para el otro equipo.

La casa de Francesca da al Gran Canal y su cuarto está en el piso de arriba. Para ir al cole, al otro lado del canal, no toma la góndola sino el *vaporetto,* que da más rodeos pero como es más grande se olvida de que puede ir en góndola. En el colegio aprueba por los pelos todas las asignaturas menos inglés. En inglés siempre saca un diez. Diez en inglés se dice *ten.* Saca diez por el diccionario. De todos los libros el más grande es el diccionario de inglés, por eso solo se acuerda de estudiar inglés. El diccionario le parece tan grande que piensa que si lo deja en una estantería de la pared, la casa podría inclinarse y caer al canal. Hundirse. Glu, glu, glu. Por eso siempre deja el diccionario en el suelo de su cuarto, en medio del dormitorio, para que la casa aguante de pie.

El día de su cumpleaños la fiesta terminó muy tarde. No acabó hasta que Giuseppe se comió su tercer trozo de tarta. Francesca se acostó tan tarde que cuando su madre subió a darle un beso ya se había dormido. Las campanadas de la iglesia de San Marcos habían dado las once hacía ya un rato. La madre abrió la puerta despacio, todo estaba oscuro y la respiración pesada de Francesca indicaba que dormía. Francesca soñaba que vivía en un iglú y se llamaba Nuiana. Su madre del sueño había ido a comprar una libreta en el trineo y le pidió que no saliera, pero ella escuchó algo y salió. Era un oso polar.

La madre se acercó con cuidado pero tropezó con el diccionario y cayó encima de Francesca, que creyó que el oso de su sueño se la iba a comer.

—¡Papá, socorro, un oso polar quiere devorarme! —gritó.

El padre dejó caer el plato que estaba fregando y subió las escaleras corriendo, preguntándose por dónde habría entrado el oso polar. El dormitorio estaba a oscuras pero se dio cuenta de que había un bulto sobre Francesca... ¡el oso! Se echó encima y la madre gritó y él gritó al escuchar el grito de la madre y Francesca se despertó también gritando. Al padre de Francesca le extrañó un poco que el oso polar gritase con la voz de su mujer y encendió la luz.

—¿Pero qué haces, cara de *pizza*? ¡Casi me aplastas! —gritó la madre.

—¡Y a mí! —protestó Francesca.

Francesca casi se había olvidado del sueño. Solo recordaba un iglú y un oso, porque eran las dos cosas más grandes que aparecían. Como estaba tan cansada se volvió a dormir enseguida. Cuando vieron que se había dormido, su padre y su madre bajaron a la cocina.

—¿Te he hecho daño al echarme encima, cariño? —le preguntó el padre a la madre.

—Un poco.

—Perdona.

—Perdona tú también por haberte dicho cara de *pizza*.

—No me gusta que me digan cara de *pizza*.

—Ya lo sé, perdona. Pero me habías confundido con un oso y no me gusta. Son grandes y están cubiertos de pelos.

—Como yo.

—Pero si tú estás calvo. Algunas noches dejamos la ventana abierta y la luz de la luna se refleja en tu calva y no puedo dormir. Es como acostarse con una farola.

—Podría dormir con gorro.

—No te preocupes. Pasarías mucho calor.

Una lancha pasó cerca de la casa y las ondas del agua golpearon suavemente el muro. Era como estar en la playa.

—Francesca va regular en matemáticas.

—Sí, mañana voy a ir a la librería. Le compraré el libro más gordo que haya de matemáticas.

—Buena idea.

ENGLISH DICTIONARY

CASA VENECIANA

Las fachadas están muy decoradas. Estas casas son verdaderos palacios.

Venecia está formada por 118 islas pequeñas. Como no hay mucho espacio, las casas son estrechas y con dos o tres plantas. ¡La ciudad está construida sobre el agua!

La puerta principal da a un canal, donde se puede aparcar la góndola atándola a un palo de madera.

La casa está en alto para protegerse de las frecuentes inundaciones. Por eso se accede a través de unos escalones.

Todas las habitaciones tienen las ventanas típicas y la habitación principal tiene un balcón que da al canal.

Una estructura de madera servía de base originariamente para construir las casas.

En las plantas superiores están los dormitorios.

En la planta baja se sitúan la cocina, un baño y un salón comedor.

Examen de geografía

Christophe salió de la casa y cogió la bicicleta. Por el camino repasaba las capitales de Europa, pues se las iban a preguntar. Alemania, pensó. Alemania ¿cuál era? Madrid, no, ni Portugal. Berlín, eso es. Croacia, ay, Croacia. El tenista Djokovic es croata pero si me pregunta la capital no puedo decirle Djokovic, bueno, sí puedo. Se bajó un momento de la bicicleta, se quitó la mochila, sacó el libro y buscó la página con las capitales. Zagreb. Croacia, Zagreb. Austria, Viena. Esa se la sabía muy, muy bien. Christophe quería ser veterinario de mayor y vivir en una casa como la suya, con su techo de cañas, sus muros de piedra, pero con muchos animales. Por eso el verano iba a pasarlo en Austria, en el Tirol. Iba a hacer un intercambio con un niño de su edad que vivía en una casa con animales. La capital de Austria se llama Viena, y el niño austriaco se llama Klaus. Klaus habla alemán, y la capital de Alemania es Zagreb, no, espera, Portugal no es, ni Madrid, Federer tampoco porque Federer es un tenista y además es suizo. Berlín.

Se montó en la bicicleta y siguió pedaleando. Christophe estaba estudiando alemán para poder hablar con Klaus, aunque Klaus hablaba un poco de francés y los dos estudiaban español en el colegio, así que intercambiaban correos electrónicos en español. Por eso cuando Klaus le dijo que una de sus vacas había parido una ternera y la había llamado Osa pensó que era un error por hablar en español. España, Nadal.

Ató la bicicleta a una farola junto a la estatua de Flaubert, un escritor nacido en Ruan.

—Hola, Christophe.

—Hola, Sophie.

—¿Te sabes las capitales?

—Sí, perfectamente, ¿y tú?

—También. ¿Cuál es la de Suiza?

—Federer.

—¿Federer? Pero si es un tenista.

—Lo decía de broma —mintió Christophe.

Entraron en clase. Sophie se sentaba justo detrás de Christophe y este le pidió que le diera golpes en la espalda con el lápiz.

—Si me preguntan un país cuya capital empieza por la letra A, tú me das con el lápiz una vez, si empieza con la B, dos, y así.

—Como te pregunten Croacia te voy a hacer un agujero en la espalda.

—¿No era Djokovic la de Croacia?

—¡Zagreb! —dijo Sophie riendo.

La profesora, madame Denise, dejó sus cosas en la mesa y pidió un voluntario para preguntarle las capitales. Christophe levantó la mano. Sophie no se podía creer que saliese voluntario.

—Muy bien, Christophe —dijo Madame Denise— espero que te sepas las capitales mejor que los ríos. Cuando te pregunté el río que pasaba por París me dijiste Serena Williams.

—Es que Serena es casi como Sena.

—Es verdad. Bueno, a ver que piense un país.

—¿Podría preguntarme Austria, por favor?

—Pero bueno, tú no puedes decirme qué te tengo que preguntar.

—Es que me sé todos muy bien menos Austria. Si me lo pregunta no se me va a olvidar nunca.

—Pero si no te lo sabes puedes suspender.

—Estoy dispuesto a arriesgarme. Lo que quiero es aprender.

—Eres todo un ejemplo, Christophe. A ver, dime la capital de Austria.

Christophe sabía perfectamente que era Viena. Era la única capital que se sabía bien. Pero se mordió el labio como si no se acordase, miró al techo. Sophie le daba con el lápiz un montón de veces y eso le desconcentraba y podría equivocarse. Estuvo a punto de decir Federer, pero dijo:

—¡Viena!

—Muy bien, Christophe. A ver ¿otro voluntario o pregunto por orden alfabético?

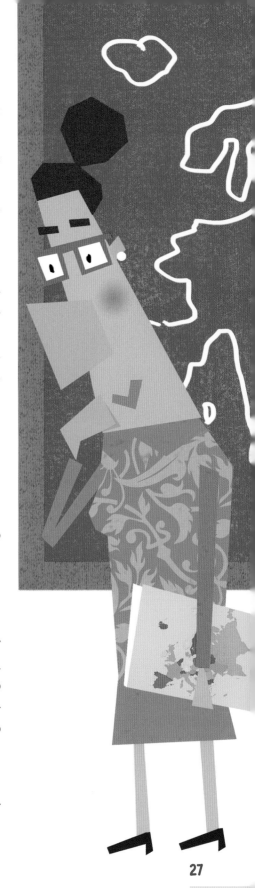

CHAUMIÈRE

En la parte exterior de los muros se aplica una mezcla de cal, paja y tierra para impermeabilizarlos mejor.

Lo más característico de estas casas es el tejado de cañas y paja que da nombre a la casa (*chaume* en francés significa caña).

Los muros son de piedra y arcilla, elementos que se encuentran cerca de donde se construyen.

Sobre las vigas de madera del techo se extiende tierra en la que se planta iris, para que se fijen mejor las cañas que forman el tejado, que se coloca sobre las vigas.

También se emplea madera para las vigas del techo y para reforzar los muros.

Cada habitación tiene una ventana, pero en algunas casas cada habitación tiene una puerta que da al exterior.

Los salmones no hablan

Cuando la madre de Nuiana terminase de apilar la leña, irían al pueblo con Sialuk, el bebé. Malik, el padre, había salido a pescar salmones. Salmones rosas y grises, como Sialuk, con los mofletes colorados y los ojos grises.

—Mamá, ¿Salmón vendrá con nosotras al pueblo?

—Nuiana, tu hermano no se llama Salmón sino Sialuk.

—Pues parece un salmón.

—Los salmones no lloran y tu hermano no para. Dale su peluche, por favor.

El bebé empezó a llorar más fuerte todavía y la madre dejó la leña.

—¡Nuiana, he dicho un peluche y le has dado un calcetín de papá!

—He entendido calcetín.

—No digas mentiras, Nuiana.

—Es que con el ruido del viento no escucho bien.

—Aquí dentro no se escucha el viento. Caliéntate un vaso de leche y dobla la piel de oso que has usado para taparte. Dobla también la de tu hermano.

—Que él doble la suya.

—Es un bebé.

—Cuando yo era un bebé doblaba mi piel de oso.

—Como sigas protestando no vienes al pueblo. Te quedas cortando leña.

—El calcetín de papá huele a foca podrida. Por eso llora Sialuk.

—Es mentira. Está limpio. No digas más mentiras.

—¿Ni una?

—No, ni una. Y dale de una vez el peluche.

Nuiana se acercó al fuego y colocó un cazo con leche. El humo ascendía hacia el techo y justo antes de llegar hacía un giro para escapar por el

único agujero. Pensó en la libreta que se iba a comprar. Dibujaría a su padre cazando sin las botas. Los osos blancos huirían por el olor de sus calcetines. Su padre se reiría. La verdad es que su padre no cazaba osos, no cazaba nada. Prefería comprar mantas de lana antes que disparar a un oso. Ella tampoco cazaría osos. De mayor sería pintora. Su especialidad sería pintar hombres con calcetines sucios y focas aplaudiendo. También pintaría a su hermano, Sialuk. Qué rollo que no hablase todavía. Pero cuando empezara a hablar le diría a su madre que le había escondido el peluche. Mejor que no hablase.

—Quita la leche del fuego antes de que hierva —pidió su madre.

La leche ya estaba hirviendo y Nuiana miró a su madre para ver si se había dado cuenta. Claro, las madres se dan cuenta de todo. Vertió leche en un tazón y trató de beber pero estaba demasiado caliente. Dobló las mantas. Las llamaban pieles de oso pero eran solo mantas.

—Mamá, qué ganas tengo de ir al cole.

—¿Para aprender muchas cosas?

—Claro.

Pero en realidad tenía ganas para ver a sus amigas y también a Anori. Anori no sabía leer bien y ella le chinchaba, pero le gustaba jugar con él. Jugaban a cazar. Anori debía imitar el sonido de la foca y ella le tiraba bolas de nieve. Una vez le dio un bolazo en un ojo y Anori se puso a llorar. Ella lo abrazó y Anori le dijo gracias. Desde entonces siempre le apuntaba al ojo para poder darle un abrazo. Un día Anori le dijo que cuando quisiera podía darle un abrazo, que no hacía falta que le diera antes un bolazo en el ojo. A él le gustaba mucho que le diera abrazos pero los bolazos duelen. De mayor Anori quería ser marinero y para eso necesitaba ver bien, porque si no podía chocar contra un iceberg, y eso sí que duele.

—¿Estás lista, Nuiana?

—Síííí, vamos.

—Te dije que le quitaras a tu hermano el calcetín de papá y le dieras el peluche.

—Ay, se me había olvidado.

IGLÚ

El iglú se construye con ladrillos hechos de nieve comprimida que aíslan del viento y del frío. De esta forma, también el calor corporal queda dentro del iglú.

La entrada es baja y por un túnel con algún ángulo que dificulta que entre viento y frío. Por ese túnel no cabe un oso polar.

La base es circular y los ladrillos van formando una cúpula. Esa forma es ideal para soportar los fuertes vientos.

La temperatura exterior
puede ser de varios grados bajo cero
y dentro del iglú están resguardados.
O sea: no se mueren de frío pero no
se pueden quitar el abrigo.

En la parte más alta puede abrirse
un agujero para que salga el humo
de la estufa o cocina. Cuando Nuiana
termine de calentar la leche
deben cerrar el agujero.

Es una residencia
temporal para dos o tres
cazadores, o también
para una familia.

Las camas de Nuiana y su
familia se colocan en
plataformas situadas en alto,
porque el aire caliente sube
y así puede aprovecharse
mejor el calor.

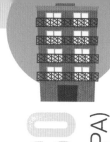

La vida en un piso

En mi familia somos cinco y medio sin contar a Miércoles, mi perro. En verano seremos seis. Dentro de dos años compartiré el cuarto con mi hermana, que todavía no ha nacido. Mis hermanos Manuel y Pepe comparten dormitorio y cuando juegan al baloncesto el balón golpea la pared. Como su cuarto está al lado del mío, es como si jugaran aquí y no puedo estar tranquila con mis cosas. Entonces doy un golpe en la pared y me preguntan a gritos si yo también estoy jugando al baloncesto.

Vale, soy una protestona. Pero no siempre, lo que pasa es que Jorge me dijo que me iba a enviar un mensaje cuando leyera mi cuento, pero nada. He escrito un cuento de un oso que entra en un iglú y se come a una niña, pero le sienta mal y la vomita. Es un cuento difícil porque yo no sé si en los iglús hay ducha, y claro la niña debería ducharse si es vomitada. El vómito de oso huele fatal. Y es muy pringoso. La niña pasaría un rato en la barriga del oso, igual que mi hermana pasa un tiempo dentro de mi madre. Vivimos en un piso moderno pero si no encendemos la calefacción esto parece un iglú. Yo la quiero tener siempre encendida pero mi madre dice que solo un rato porque gasta mucho y somos cinco.

Le he preguntado si vamos a mudarnos cuando seamos seis y mi padre dice que no, que este piso está bien. Me ha recordado que tiene tres dormitorios, como si yo no lo supiera.

—Pero un solo baño —le he recordado yo, como si él no lo supiera.

Le he dicho que cuando nazca Julia seremos seis sin contar a Miércoles, el perro, y que tendremos que pedir número para entrar al cuarto de baño.

—¿Quién es Julia? —ha preguntado Pepe.

—La niña que se ha comido mamá —ha respondido Manuel.

—Yo quiero que se llame Pepe —ha dicho Pepe.

—No puede haber dos Pepes.

—Claro que sí. Cuando mamá diga Pepe vamos los dos. ¿Tú no quieres que se llame Lola?

—No. Con una Lola es suficiente —le he dicho yo, que me llamo Lola.

Me gusta mi cuarto y en el fondo me encanta la idea de compartirlo con mi hermana pequeña, pero quiero otro cuarto de baño.

La profe de Lengua nos pidió que escribiésemos un cuento para el Día de la Naturaleza y yo he escrito el del oso que entra en un iglú. He buscado en el libro de las casas del mundo cómo es un iglú pero no dice nada del cuarto de baño. Pero sí explica que un oso no puede entrar. En mi casa tampoco pueden entrar osos porque los osos no saben subir en ascensor, creo. Sí pueden subir por la escalera pero no llegarían hasta el quinto para comerme. Antes se comerían a la señora que vive en el primero. Tiene noventa años y se llama Paquita. Pobrecita. Lo bueno es que después la vomitaría y ella se ducharía y quedaría como nueva. Bueno, no exactamente como nueva porque tiene noventa años. Paquita, algunas veces, sube a mi casa para pedirle el favor a mi padre o a mi madre que bajen un momento a abrirle la olla exprés. Paquita es muy simpática y vivió unos años en Francia y algunas veces le digo *bonjour* y ella me responde *bonjour,* sonriendo. Yo practico francés escribiendo a Pierre, un niño de Benín. La dirección me la dio el profe de Francés. Pierre me escribe cartas y Jorge no me escribe. A lo mejor le ha dado miedo mi cuento.

Manuel ha entrado a mi cuarto para preguntarme si quiero jugar con ellos al baloncesto. Le he dicho que bueno. Dice que cuando nazca Julia podemos jugar dos contra dos, pero dice Pepe que no.

—Es que le da patadas a mamá en la barriga. Así que le va a gustar el fútbol. Tendremos que seguir jugando dos contra una.

—¿Queréis que os lea un cuento que he escrito?

—¿En serio? ¡Vale!

Los dos han dejado la pelota y se han sentado en el suelo. Les he leído el cuento y Pepe me ha dicho que por qué no digo mejor que sea la niña la que se come al oso. Manuel me ha preguntado si un oso podría entrar en nuestro piso y comernos y le he dicho que no, que antes se comería a Paquita, la señora del primero. Los dos se han puesto a llorar porque les da pena de Paquita. Manuel me ha dicho que por qué no lo escribo sobre un oso que juega al baloncesto. Me ha preguntado si en los iglús hay canchas de baloncesto y le he dicho que no sé siquiera si hay ducha.

PISO

Es una vivienda en un edificio en el que hay otras viviendas en diferentes plantas. A los hijos del vecino de arriba hay que decirle que no juegue en casa al baloncesto porque molesta.

Los dormitorios son espacios semiprivados con una cama, un armario para guardar la ropa, una mesa y una silla para trabajar y decoración personal en las paredes.

El edificio tiene espacios compartidos: portal, azotea, escalera, ascensor. Pero el interior de cada vivienda es de uso privado. Cuando te cruzas con un vecino le dices buenos días.

El salón es un espacio común para todas las personas que viven en el piso. Suele haber un sofá, una mesa para comer y un televisor. En las paredes hay cuadros y alguna estantería con libros.

Los pisos modernos disponen de wifi para conectarse a Internet, pero solo un rato ¿eh? La clave wifi suele ser larguísima.

En la cocina hay electrodomésticos, espacio para guardar los cacharros de cocina, lugar para cocinar, un fregadero y un frigorífico. En el frigorífico no hay chocolate porque se lo han comido Lola, Manuel y Pepe.

CASA CÚPULA
CAMERÚN (ÁFRICA)

El gallo de Jeanne

Cuando la abuela entró donde dormían las niñas, Jeanne ya estaba despierta. El gallo era como un despertador: siempre cantaba antes de que su abuela viniese a despertarla. Jeanne llevaba un rato con los ojos abiertos, mirando el agujero del techo. Le parecía un ojo gigante que la miraba a ella. Salió al patio y saludó a su padre, que iba a salir con las vacas. Jeanne cogió el cazo que flotaba en una tinaja grande con agua y se lavó las manos y la cara. Tomó un cántaro mediano y salió de la casa. Tenía que caminar quince minutos hasta el pozo. Se colocó un trapo en la cabeza y a continuación el cántaro para que fuese más fácil el equilibrio y no se le cayera. El camino hasta el pozo estaba oscuro tan temprano, pero lleno de mujeres y niñas que iban a buscar agua. En realidad Jeanne tardaba más de quince minutos, porque cada mañana esperaba a Marie, que llegaba tarde.

—Hoy me he quedado dormida —sonrió Marie cuando llegó.

—¿Hoy? —rio Jeanne.

—Mañana te prometo que llegaré antes que tú.

—Te voy a regalar nuestro gallo y ya verás como te despiertas pronto.

—Eso solo el primer día. El segundo, mi madre prepararía *ndolé* con el gallo y me levantaría tarde —dijo Marie riéndose.

—No digas *ndolé* que me entra hambre. Es mi plato favorito.

Dejaron de hablar mientras llenaban los cántaros. Marie ayudó a Jeanne a ponérselo en la cabeza. Una señora que llegó detrás de ellas ayudó a Marie. Otra señora ayudaría a esa señora. ¿Quién ayudaría a la última que llegase?, se preguntó Jeanne.

Cuando llegó con el agua, su abuela había preparado té y trozos de carne asada. Jeanne buscó con la mirada al gallo pero no lo encontró. Se puso el uniforme del colegio y se peinó. Su hermana pequeña la esperaba. Irían juntas hasta el cruce por el camino grande y allí recogerían a Marie en su poblado. Caminarían media hora hasta la escuela.

—La abuela le ha cortado la cabeza al gallo —le dijo su hermana.

—¡Eso es mentira!

—Cuando has ido al pozo. Ahora estará quitándole las plumas.

Jeanne se puso a llorar.

—Es solo un gallo.

—¡No es solo un gallo! Es mi gallo. Cada mañana me despierta.

En el colegio tenían clase de Francés, pero Jeanne no podía dejar de llorar. La profesora le preguntó qué le ocurría y ella dijo que le dolía mucho la barriga.

—Llora porque su abuela va a cocinar su gallo —dijo Marie.

Madame Véronique, la profesora, se agachó y acarició la cara de Jeanne. Le dijo que tenía unas trenzas muy bonitas. Después, le confesó que cuando ella era niña también se ponía triste cuando en su casa cocinaban animales, y que lloraba mucho.

—¿De verdad? —preguntó Jeanne.

—De verdad. Pero es una costumbre. Cocinamos los productos que tenemos. Es así.

—Pero podrían haberle perdonado la vida a mi gallo.

—Yo también lo creo, pero debes entender a tu abuela, es de otra época y no entiende que te encariñes con un trozo de comida.

—Mi gallo no es un trozo de comida —protestó Jeanne.

—Ya lo sé, pero para ella sí. Cuando llegues dile que estás triste y le explicas por qué. Anda, dame un abrazo.

Al llegar a la casa, Jeanne dijo que no quería *ndolé*.

—¿Por qué? —preguntó su madre.

—Porque la abuela lo ha preparado con el gallo.

—No, Jeanne, lo ha preparado con carne de cabra.

Jeanne miró a su hermana, que trató de aguantar la risa.

—¡Te lo has creído! —gritó su hermana.

Su abuela le dijo que mirase cómo el gallo corría detrás de una gallina.

—Ponme un plato lleno, abuela —pidió Jeanne.

CASA CÚPULA

Se sitúan varias cúpulas de una misma familia formando un círculo y se unen con muros. Cada cúpula tiene una función. La más grande es donde duerme el patriarca, que es el jefe del clan familiar. Es el abuelo de Jeanne.

El espacio que queda dentro de los muros se emplea para guardar el ganado y para que jueguen los niños y niñas.

Se construyen de barro porque es el material que se puede encontrar en la zona.

En la parte alta hay una abertura, que a Jeanne le parece un ojo que la mira. ¡Qué miedo!

El muro exterior tiene muchos adornos que además sirven para subir cuando hay que reparar toda la estructura.

Después de la época de lluvias hay que repararlas, pues el agua reblandece el barro.

Como no tienen cimientos, la base de la cúpula es más gruesa que la parte alta, así la estructura es más fuerte. Los muros gruesos mantienen el interior fresco.

La gallina de Chantal

Thomas tiene miedo a que le pase algo aunque sabe que no le va a pasar nada. «Es muy extraño», piensa, «porque si sé que no me va a pasar nada ¿cómo es que tengo miedo a que me pase algo?». Y decide despertar a Alain, su hermano, para explicárselo.

—Déjame dormir —responde su hermano.

Su casa es mágica, pues dentro se está bien. No hace frío ni calor, no entra el viento ni la arena.

—Es como un iglú —le dijo un día a su hermano.

—¿Un iglú?

—Sí, nuestra casa es un iglú de barro.

—¿Qué es un iglú? —quiso saber su hermano.

—Una casa de hielo. Sale en el libro de casas del mundo que nos lee la profesora en el colegio.

—¿Hielo? ¿Agua dura, congelada?

—Dice papá que un día iremos a la capital, Uagadugú, y nos enseñará el hielo.

—¿Hay iglús en Uagadugú?

—No, hay hielo en las tiendas.

—No te comprendo, Thomas. Entonces, ¿nosotros vivimos en un iglú, o no?

—No. Las paredes de los iglús no tienen pinturas como nuestra casa.

Al momento oye que su hermano ronca. No es un ronquido fuerte, no molesta, pero Thomas preferiría que no estuviese dormido porque tiene miedo. Sabe que al otro lado de la puerta está la bicicleta grande con la que irá al colegio, varios cubos, el cántaro que usa su hermana pequeña para traer agua, el tronco ahuecado donde su hermana mayor muele el grano. Sabe todo eso, pero tiene miedo de salir y encontrarse, en vez de con todo eso, con un oso polar, como el del cuento de la niña que vive en un iglú.

Por la mañana ya no tiene miedo pero necesita hablar con la profesora porque sabe que por la noche el miedo volverá: un oso grande y blanquísimo. Pero no quiere decírselo claramente, no quiere levantar la mano y confesar delante de todos que tiene miedo de los osos. Se reirían. Levanta la mano y espera el permiso para hablar:

—¿En Burkina Faso hay osos polares?

Algunos de sus compañeros se ríen a carcajadas, pero otros no. Siente la mirada seria de Chantal, la niña que se sienta a su lado en clase. La mira un segundo y se imagina que también ella tiene miedo de los osos polares. Cuando la profesora empieza a contestar, todos se callan. En el fondo todos tienen miedo de los osos polares, piensa Thomas.

—No, Thomas. No hay osos polares en África. Aquí hace demasiado calor para ellos.

Por la tarde, Thomas y su hermano van al huerto a recoger pimientos para la salsa que preparará su abuela. En la olla se está cociendo la yuca sobre el brasero. Al volver del huerto se cruzan con Chantal que también va en bicicleta. Los pies descalzos casi no le llegan al suelo.

—Hola, Thomas.

—Hola.

—¿Sabes qué? Algunas veces por la noche escucho un ruido y pienso que es un oso polar. Menos mal que le has preguntado a la profesora si aquí hay osos.

—¿Quién gana si luchan un león y un oso polar? —pregunta Alain.

—La gallina —responde Chantal.

—¿La gallina? —preguntan a la vez Thomas y Alain.

—Sí, porque es más lista y no tiene que pelearse. Mientras el león y el oso se pelean, ella se come todos los granos tranquilamente y cuando se harta se va a su casa a dormir.

Los tres empezaron a reírse. Esa noche Thomas le contaría el cuento de la gallina a su padre. Y después, cuando se acostase, si escuchaba algún ruido pensaría que no era un oso sino una gallina. La gallina de su amiga Chantal.

CASA DE BARRO

Las fachadas las decoran tradicionalmente las mujeres, las cuales se reúnen en grupo para pintarlas.

Se construyen con los materiales que se encuentran en la zona, sobre todo barro.

Las casas se colocan unas junto a otras, formando un círculo.

Los colores de las pinturas se obtienen de la tierra roja, de la ceniza, de los excrementos de vaca o de la piel de algunos frutos. Las pinturas protegen los muros de la lluvia.

Las paredes casi nunca tienen ventanas, y cuando tienen son muy pequeñas, así era más fácil defenderse antiguamente.

Los tejados son planos y se construyen para que puedan resistir el peso de personas, que se suben al tejado para decorar las casas o repararlas tras las lluvias.

La cocina está en el exterior de las casas. Consiste en una sencilla estructura de barro con un hueco para colocar una olla. Debajo de la olla hay espacio para hacer fuego.

JAIMA

Se usan cuerdas para atar los picos de la jaima a clavos en el suelo, así se mantiene de pie aunque haya viento.

Originariamente, las jaimas se preparaban con pieles de camello y de cabra, que se cosían. Y su forma las protege del viento.

La jaima se puede desmontar fácilmente, pues la usan pueblos nómadas del desierto.

Los zapatos se dejan en la entrada.

El interior está dividido en dos partes con una tela que cuelga del techo. Una de las partes es para los hombres, y la otra, para las mujeres.

No hay muebles. No se utiliza una mesa para comer, sino que se colocan los platos en el suelo sobre alfombras.

Para dormir se usan colchones que se enrollan o apilan durante el día.

En el suelo se colocan varias alfombras directamente sobre la arena.

PALAFITO
BENÍN (ÁFRICA)

La amiga de papel

Este año Pierre se levanta enseguida y sin protestar. Su madre no se lo cree. El año pasado seguía acostado hasta que ella lo amenazaba con tirarlo al lago desde la puerta de la casa. Nunca lo hizo, claro, pero Pierre se asustaba y se ponía de pie para enrollar la colchoneta. Después, se sentaba en el centro de la casa acercando las manos al fuego mientras se calentaba la leche y ella cocía unas tortas. Su padre lo esperaba abajo con la canoa para llevarlo al colegio. Pierre se levantaba pronto porque estaba deseando ver a mademoiselle Aicha, su profesora favorita. A veces la veía remando en su propia canoa y le sonreía y ella le decía «*bonjour*, Pierre».

Por las tardes, mientras esperaba a que llegasen a buscarlo Dominique y Patrice para ir juntos a pescar, Pierre se sentaba en la puerta con los pies colgando. Cogía un libro, rezando para que mademoiselle Aicha pasara con su canoa y lo viera leyendo, pero nunca pasaba. Es lo malo de vivir en una ciudad tan grande. Dice mademoiselle Aicha que Ganvié es la ciudad más grande con casas construidas sobre el agua, no solo de Benín sino de toda África.

—Dominique, ¿sabes por qué se construyen las casas en alto sobre palos de madera? —le preguntó Pierre.

—Por si sube el nivel del agua.

—Por si viene un tiburón, para que no pueda comerse tu cabeza redonda —dijo Patrice y empezó a reírse.

—Pues no, era para huir de los traficantes de esclavos —dijo Pierre.

Patrice y Dominique dejaron de reír.

—¿En serio?

—Lo ha contado mademoiselle Aicha.

Esa tarde no pescaron más. Sabían que no corrían peligro, que en el lago Nokoué no hay tribus enemigas, pero imaginaron que unos guerreros los perseguían para venderlos a los comerciantes blancos y llevarlos a Europa y América, qué miedo.

—¿Sabéis por qué Estados Unidos está lleno de gente de raza negra?

Patrice y Dominique se miraron, no sabían si era una pregunta en serio o se trataba de un chiste. Se soltaron de la cintura las garrafas vacías que usaban como flotador y se subieron rápido a la canoa. La desataron de uno de los palos largos que ayudaba a sostener una casa.

—Porque sus antepasados fueron capturados por guerreros. Los guerreros los vendieron a los traficantes de esclavos en las playas de Cotonoú y de Ouidah.

Patrice y Dominique remaban con fuerza mientras Pierre hablaba. Tenían miedo y querían llegar cuanto antes. Pierre subió a su casa sin despedirse de sus amigos, también asustado. Su madre le dijo que tenía una buena noticia:

—Ha llegado una carta de tu amiga de papel.

Así llamaba su madre a Lola, con quien se escribía cartas en francés. Mademoiselle Aicha había preguntado quién quería participar en un programa para escribirse con estudiantes de francés de otros países y él levantó la mano.

—Estudiaré en la universidad de Cotonoú y cuando sea abogado iré a visitar a Lola —le dijo a su madre.

—Claro. Lávate las manos, vamos a comer.

—Pero si las tengo limpias.

—Lávatelas. No vayas a leer la carta de tu amiga de papel con las manos sucias.

Por la mañana, en cuanto llegase al colegio, le contaría a mademoiselle Aicha que había llegado otra carta de Lola. Le diría: *très bien*, Pierre, con su voz dulce.

Tumbado en la colchoneta, escuchando a su padre y a su madre susurrar, pensando en mademoiselle Aicha y en Lola, ya no tuvo miedo y se durmió enseguida.

51

PALAFITO

En Ganvié, donde vive Pierre, hay 20000 personas viviendo en palafitos.

El palafito es una vivienda construida sobre unos palos de madera que se clavan en el fondo de una laguna. Se colocan en una parte poco profunda de la laguna para que los palos no tengan que ser larguísimos.

En el interior, normalmente, no hay separación de espacios. Aunque en las casas más grandes se separa una parte para los hombres y otra para las mujeres.

Bajo la casa se deja la barca, alargada como una piragua, que se usa para ir a cualquier sitio. Casi ninguna barca tiene motor, se manejan con un remo.

En el centro se enciende un fuego para cocinar.

Los palafitos no disponen de agua corriente. El agua para beber la consiguen llenando garrafas de una fuente.

El suelo y las paredes están formados por tablones de madera, algunas veces de chapa. Y el tejado que originalmente era de paja que ahora se cubre con plásticos para protejerlo de la lluvia o también con madera o chapa.

Las casas están elevadas varios metros por encima del lago. Así que se puede pasar por debajo con las barcas.

El cadáver de la señora Fátima

Cuando llegó del colegio, Samia escuchó cómo su madre le decía a su padre que llevaba dos días sin ver a la señora Fátima. Qué raro. Samia fue a casa de Sara, cuya casa también daba al patio, y las dos fueron en busca de Yasir. Samia les preguntó si habían visto a la señora Fátima, y Sara y Yasir negaron con la cabeza muy serios.

—Entonces es que está muerta —dijo Samia.

—A lo mejor se ha ido de viaje —dijo Sara—. Aunque lo habría dicho.

Los tres lo vieron clarísimo: debían localizar el cadáver y enterrarlo. La señora Fátima tenía un hijo en Francia que era taxista, cuando viniera en verano ellos le indicarían dónde estaba enterrada su madre.

La puerta de la señora Fátima seguía cerrada, algo muy extraño porque en el riad todos dejaban las puertas abiertas, excepto por la noche. Llamaron pero nadie les abrió. Atravesaron el patio y salieron a la calle. Nadie les vio coger la escalera del padre de Yasir. La pusieron contra la pared y subieron. Usarían la escalera también para bajar desde la azotea al interior de la casa de la señora Fátima. Cada casa tenía un pequeño patio interior que algunos usaban para criar dos o tres gallinas. Estaban nerviosos y Sara se puso a llorar.

—Es que me da mucha pena de la señora Fátima —dijo—. Siempre nos daba dátiles.

—Y a mí de su hijo taxista —dijo Yasir, y también empezó a llorar.

Estaban tumbados en el tejado plano y Samia levantó la cabeza para calcular dónde se encontraban exactamente. Si sus cálculos no fallaban justo ahora estaban sobre la casa de Sara, y la siguiente era la de la señora Fátima. Fueron arrastrándose hasta llegar al hueco del patio.

En ese momento se asomó una cabeza desde abajo y los tres dieron un grito. Se abrazaron y hasta Samia lloraba. Cuando se calmaron un poco, Yasir dijo:

—Oye, Sara ¿esa cabeza que se ha asomado no es la de tu hermano Abdu?

—¿Y qué iba a hacer mi hermano pequeño en casa de la señora Fátima?

—A lo mejor ha descubierto que está muerta y va a enterrarla él —dijo Samia.

—Pero si tiene tres años —dijo Sara—. ¿No será que has calculado mal y nos hemos asomado al patio de mi casa? —protestó Sara.

Se acercaron muy despacio, arrastrándose. Sara reconoció su patio por el cubo de agua azul en una esquina. Escucharon a la madre de Sara gritarle a Abdu:

—¡No quiero que digas más mentiras! ¿Cómo va a estar Sara volando?

Los tres tuvieron que taparse la boca para no reír. Siguieron arrastrándose hasta el siguiente patio. Colocaron la escalera con mucho cuidado. El problema es que ninguno quería ser el primero en bajar. Lo sortearon y le tocó a Samia. Sara se puso a llorar de nuevo.

—¿Por qué lloras tú si me ha tocado bajar a mí? —preguntó Samia.

—Porque no quiero que te coma la señora Fátima.

—Pero si los muertos no comen gente.

Samia bajó. Se asomó al interior de la casa y les indicó con gestos que bajaran. Temblando de miedo, se asomaron al interior de la casa. La señora Fátima estaba tumbada sobre la cama. De su cuerpo salía un ruido extraño, como el motor de un camión viejo.

—¿Los muertos roncan? —preguntó Yasir.

—Creo que no —respondió Samia.

En ese momento se despertó la señora Fátima y al verlos tan cerca de ella casi se muere del susto.

—¿Qué hacéis aquí? —preguntó al reconocerlos.

—Es que venimos a enterrarla —dijo Samia.

—¡Pero si estoy viva! Qué cosas tenéis. Llevo dos días sin salir porque he estado enferma, y ahora estaba durmiendo. Anda, coged unos dátiles de ese cuenco y no digáis más tonterías.

—Entonces, ¿prefiere que no la enterremos? —preguntó Yasir.

—¡Pero qué cosas tenéis! —respondió riendo.

RIAD

El tejado plano se usa como azotea para tender la ropa o también como terraza.

El riad es una casa construida alrededor de un patio con fuente y plantas. Una familia rica puede ocupar todo un riad, pero muchas veces cinco o seis familias comparten un mismo riad.

Suelen tener dos o tres pisos como mucho.

Hay una puerta desde la calle para entrar al riad, y ya en el patio una puerta para cada vivienda.

El patio está decorado con mosaicos y plantas.

En los riads tradicionales el aseo era compartido. Para bañarse los habitantes acuden a un hammam, que es un baño público con piscinas de agua caliente y de agua fría. Las familias ricas contaban con su propio hammán en el riad.

Las ventanas están decoradas con celosías, enrejado de madera que deja pasar la luz pero oculta el interior. Así las familias tienen más intimidad.

Día 1

Los árboles no se mueven. Bueno, a ver, si hay viento la copa se mece, pero el tronco sigue clavado en el suelo. Quiero decir que los árboles no andan. Imagínate el susto que se llevaría un perro que está orinando al pie de un árbol y de repente el árbol no está. O una niña jugando al escondite y el árbol tras el que se ha escondido se va, eso no vale. Digo esto porque al despertarme me he incorporado en la cama y al otro lado de la ventana ha pasado un árbol. De derecha a izquierda, rapidísimo. Y después otro y luego otro más. Todo un bosque quedando atrás. Me he tumbado de nuevo y he cerrado los ojos, comprendiéndolo todo: estamos a día 1. Día 1 de vacaciones. El primer día de mi nueva vida. Hemos estado nueve meses en una casa como todo el mundo. Vale, nuestra casa tiene ruedas, pero durante nueve meses ha estado en el mismo sitio.

Mi padre aparcó el autobús a las afueras de Wingham, un pueblo de Ontario, aquí en Canadá, en una pequeña explanada con vistas a un valle rodeado de montañas. El primer día de colegio mi padre y mi madre me acompañaron. Una niña me preguntó si yo era la niña que vivía en un autobús y dije que sí. La niña me dijo que se llamaba Alice y yo le dije que yo Margaret. Me preguntó si había viajado a muchos países sin salir de casa y yo le dije que nunca había salido de Canadá, pero que a final de curso iría a Estados Unidos. Me preguntó si mi autobús se había cambiado por dentro, si tenía camas y cocina, cuarto de baño, o solo asientos como los autobuses en los que ella se había subido.

—¿Puedo invitar a Alice a merendar para que vea nuestra casa por dentro? —les pregunté a mi padre y a mi madre.

—Claro —dijeron los dos a la vez.

Lo que más le gustó a Alice fue el suelo de madera porque podía andar descalza. Como tengo una litera, pero abajo no duerme nadie, pensé que podría quedarse a dormir, pero no se lo dije el primer día. Después, sí, muchas veces. Y también yo me quedé a dormir en su casa de vez en cuando. Mi padre preparó tortitas y Alice miraba la cocina como si fuera la primera vez que veía una.

Ahora mi madre conduce y el pueblo ya no se ve. Vamos hacia el sur. Winona, una amiga de mi madre que vive en Estados Unidos, nos ha invitado a pasar unos días con ella y su familia. Viven en una reserva junto a un parque natural. Mi madre me ha enseñado una foto y aparece con una niña de mi edad que se llama Dakota. Mi padre ha conducido varias horas y ahora está acostado. Mi madre me dice que me caliente leche y me prepare una tostada. Después de desayunar me siento en el asiento del copiloto y me abrocho el cinturón de seguridad. Le digo si estamos muy lejos del pueblo y me dice que sí, a casi mil kilómetros. No puedo evitar que se me escape una lágrima. Estoy a mil kilómetros de Alice. Y por lo menos a otros mil de Dakota.

—¿En Estados Unidos hay osos polares? —le pregunto a mi madre.

—Sí, en Alaska, pero donde vamos hay osos pardos.

Es muy extraño: estoy triste y alegre a la vez. Triste porque no voy a ver a Alice hasta que empiece de nuevo el curso, y alegre porque voy a conocer a Dakota. Dice mi padre que dormiremos en una tienda india, un tipi, y que nos bañaremos en un lago del parque natural, pero me dan miedo los lagos. También me daba miedo el mar pero después ya no. Vamos a parar en París, pero no en el París de Francia, porque mi casa puede ir por las carreteras pero no por el agua, sino en un París pequeño que hay en Texas.

Mi madre enciende el intermitente y se desvía para echar gasolina. Mi padre se despierta y pregunta si ya hemos llegado, pero sabe que es imposible. Mi madre le dice que se duerma otra vez y mi padre dice que no sabe dormir si no hay movimiento, pero es mentira porque en el pueblo dormía. Y roncaba. Eso sí que era un oso polar. Mi padre tiene canas en la barba, como los osos. También tiene gafas de cerca, pero los osos no tienen gafas. A lo mejor hay un oso que no ve bien, pero como no sabe hablar no puede decir: «oye, que no veo bien», y nadie le compra unas gafas.

—Papá, ¿me dejas tu teléfono para llamar a Alice?

Mi padre me tiende su móvil.

—Alice —le digo a mi amiga—. Te echo mucho de menos. Voy a invitar a Dakota para que venga en Navidad al pueblo.

—Yo también te echo mucho de menos —me dice.

CASA AUTOBÚS

En el techo se pueden abrir ventanas para que entre todavía más luz y para subir a la «azotea» cuando el autobús está parado y apetezca tomar un té con vistas. Estas ventanas también permiten ver las estrellas mientras estamos acostados.

La casa es un antiguo autobús reformado pero que puede circular.

Dispone de cuarto de baño con ducha.

Para aprovechar el espacio, las camas funcionan como sofás durante el día.

También se pueden usar mesas y sillas plegables o armarios que pueden funcionar como mesas.

Disponen de cocina que puede funcionar con una bombona de gas que también sirve para calentar el agua.

Es importante que todos los elementos de la casa estén fijos para que no se caigan durante los viajes.

El suelo puede ser de láminas de madera para que resulte más acogedora la casa.

CASA DE CAÑA

Las casas las construyen los uros con una planta, llamada totora, que crece al borde del lago Titicaca. Es una especie de caña con la que también se realizan las islas artificiales sobre las que se asientan estas casas.

Cocinan sobre una hoguera que preparan sobre un montón de piedras para que no se quemen las totoras. La cocina está fuera de la casa.

En cada isla hay unas seis o siete casas. En la isla mayor está la escuela.

Estas islas flotantes están atadas a unos troncos que se clavan al fondo del lago para que no se muevan. Si no se anclasen podrían navegar solas por la noche y aparecer en la otra punta del lago, que pertenece a otro país, Bolivia.

El baño se sitúa en una isla pequeña que está cerca de las otras islas. Cuando tienes muchas, muchas ganas de ir al baño tienes que remar muy rápido.

Cada casa tiene solamente una habitación.

Los uros también fabrican barcas de totora, y con ellas se mueven entre las islas, pescan y van a tierra firme.

Misu el valiente

Misu se detuvo a unos veinte metros de la tienda de su abuelo porque la puerta de piel estaba cerrada. Su madre le había advertido que solo podría entrar si la puerta estaba abierta. El viento hizo rodar unos matorrales sueltos. Una bicicleta derrapó justo detrás de él y Misu dio un respingo, asustado. Se volvió y era Dakota. Tenía los mofletes rojos y la trenza medio deshecha sobre el hombro.

—Te he asustado —dijo ella sonriendo.

—No me dan miedo las niñas en bicicleta —protestó Misu.

—No es malo tener miedo.

—Ya lo sé —dijo Misu, aunque no lo sabía.

—Yo creía que los guerreros cheroquis solo se asustaban de los osos.

—Yo no soy un guerrero, además no tengo un arco. En mi casa hay mucho ruido y voy a la tienda de mi abuelo a hacer los deberes.

—¿Puedo ir contigo?

—Bueno.

A lo lejos se veía el cielo oscuro y un rayo lo cruzó de repente.

—Abuelo, soy yo, Misu. ¿Puedo entrar?

Oyeron una tos dentro y vieron unas manos que sujetaban la piel y la apartaban. El abuelo tenía el pelo largo y gris, la cara muy arrugada.

—Pasad antes de que se ponga a llover.

Entraron y el abuelo les señaló unas mantas enrolladas sobre las que sentarse, en el centro, cerca del fuego. El humo se parecía a la trenza de Dakota, sentada a su lado.

—Tú nunca me molestas, Misu. Tu madre se cree que todavía vivo como mis antepasados, solo porque me empeño en vivir en el tipi, pero no. He cerrado la puerta porque va a llover. ¿Habéis merendado?

—¿Cómo sabe que va a llover? —preguntó Dakota.

—Por el olor del aire —respondió Misu—. ¿Verdad, abuelo?

—O por el vuelo de los pájaros, según la dirección que lleven significa una cosa u otra, ¿no? —añadió Dakota.

—Os pasa como a la madre de Misu, se cree que soy un gran jefe antiguo. En realidad sé que va a llover porque lo ha dicho la radio.

El abuelo empezó a reírse y señaló un aparato de radio junto a la puerta de la tienda.

A Misu no le gustaba que Dakota supiese que tenía miedo. Le había asustado ella con la bicicleta, pero tenía miedo de muchas más cosas. De la noche, del ruido del viento, de algunos niños del colegio a los que si miras te dicen: «¿Qué miras?», y te empujan y te provocan para pelear.

—A ti no te dan un poco de miedo los osos, ¿a que no? —se atrevió a preguntarle a su abuelo.

El abuelo volvió a reírse antes de responder.

—Claro que no, Misu, hijo... un poco no, me dan mucho miedo. Pánico, terror. Y me dan miedo los lobos y algunos perros porque creo que me van a morder. Pero ¿sabes qué, Misu? No es malo tener miedo.

Eran las mismas palabras que había dicho Dakota, que en ese momento le agarró la mano y se la apretó. Misu la miró y ella sonreía.

—El miedo es una señal —continuó el abuelo—, una alarma ante un posible peligro. Si no sentimos miedo, no tomamos medidas para evitar ese peligro.

—Los cobardes son tontos —dijo Misu.

Esa frase la había escuchado en el recreo, se la había dicho a él uno de los mayores porque él no había querido pelear.

—No, Misu, no son tontos. Tonto es el que no tiene miedo del oso y no se va y el oso lo mata. Y hay muchos cobardes que en realidad son valientes. Hacen lo que consideran correcto aunque se rían de ellos. Pero no me hagáis hablar tanto que también me da miedo aburriros —se rio de nuevo—. Venga, haced los deberes mientras preparo la merienda. Esta mañana he salido de caza con mi caballo y mi escopeta. He conseguido esto... —El abuelo mostró un bizcocho comprado en la panadería de la reserva.

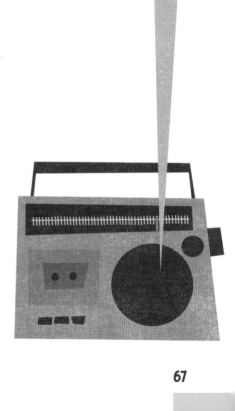

TIPI

El tipi es una tienda desmontable de forma cónica, ideal para pueblos nómadas, como los cheroquis en EE. UU., que no permanecen mucho tiempo en el mismo sitio, aunque el abuelo de Misu no piensa mudarse.

En la parte más alta hay una abertura para la salida de humo, que se puede cerrar si llueve.

La base tiene unos cinco metros de diámetro. El abuelo de Misu mide un metro sesenta y cinco (es un abuelo tirando a bajito pero no demasiado) así que tiene sitio de sobra.

Está hecho con palos de madera, que conforman la estructura, y pieles de animales. Originariamente, las pieles eran de bisonte, pero ahora son sintéticas y se pueden comprar en una tienda.

El tipi no tiene habitaciones, ni agua corriente ni baño. Si te entran muchas ganas de ducharte y está lloviendo pues es mejor esperar. O sales fuera y a lo mejor cuenta como ducha.

Si la entrada está abierta, cualquiera puede entrar, pero si está cerrada, no. Lógico.

La entrada se orienta al este, para que entre calor en invierno y fresco en verano.

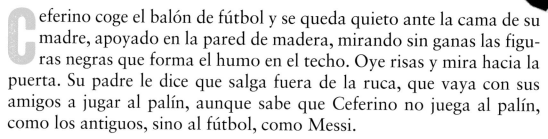

Messi

Ceferino coge el balón de fútbol y se queda quieto ante la cama de su madre, apoyado en la pared de madera, mirando sin ganas las figuras negras que forma el humo en el techo. Oye risas y mira hacia la puerta. Su padre le dice que salga fuera de la ruca, que vaya con sus amigos a jugar al palín, aunque sabe que Ceferino no juega al palín, como los antiguos, sino al fútbol, como Messi.

—¿Messi es mapuche como nosotros, papá?

—Imposible, hijo, Messi es Dios —bromea su padre.

Pero su padre está triste aunque sonría, y por eso quiere que su hijo se vaya y por eso Ceferino no quiere irse, separarse de la cama de su madre. El chamán vino por la tarde y llenó la ruca de humo y de bailes. El padre lo dejó entrar pero también llamó al médico en cuanto el chamán terminó con sus rezos y sus cantos.

Ceferino tose por el humo y su madre abre los ojos. Con la mano le pide que se acerque.

—Hijo, ¿has desayunado? Ponte el poncho si hace frío y camina hasta el cruce de la carretera, no vayas a perder el autobús para ir al colegio.

—Pero si hoy es sábado, mamá.

—Es verdad —murmura la madre.

Ceferino sale a la puerta y comienza a caminar hacia las porterías que han clavado en el llano detrás del pueblo. Sus amigos le siguen. Tiene poder: es el dueño del balón.

—Yo nunca podré jugar como Messi porque Messi es Dios —les dice a sus amigos.

—Y porque eres muy malo —responde Aimé, y el resto ríe.

—Tan malo, malo no soy —se defiende Ceferino.

Todos ríen y Ceferino también. Soy malo con ganas, piensa. Solo meto goles en propia meta. Pero las matemáticas se me dan bien, lo dice hasta la profesora Graciela. Algún día seré el Messi de las matemáticas.

—A ver, listo —pregunta al que tiene al lado—. ¿Cuánto es diez por doce?

—Hoy es sábado. Dios no permite que los sábados se hagan multiplicaciones.

—¿Qué Dios?

—Pues Dios.

—Messi —dice otro, y de nuevo las risas.

El sonido inconfundible de un motor les hace guardar silencio. Un coche. El médico. Ceferino empieza a correr hacia su casa.

—¡Cefe, se te olvida la pelota!

—No importa, jugad vosotros.

Cuando entra en la ruca debe acostumbrar los ojos a la penumbra. La abuela ha dejado de coser y mira al médico, el abuelo tiene las manos en los bolsillos, de pie en el centro de la ruca, junto al fuego. Él se queda en la puerta y espera a que el médico termine. Ausculta la espalda de su madre, le enfoca una linterna pequeñísima a los ojos, le pide que abra la boca. Le dice algo al padre de Ceferino y este sonríe. La madre le dice gracias y el abuelo, sin moverse del centro de la ruca, le ofrece un café que el médico acepta.

—Por las explicaciones que me dio por teléfono, vine preocupado. Por eso no esperé a que la trajeran al hospital —explica el médico.

—¿No es nada grave entonces? —pregunta el padre, le tiembla un poco la voz.

—No. Con el reposo y estas pastillas que le dejo, en dos días está ayudando a la abuela a coser esos ponchos.

—¿Cuánto le debo, doctor?

—Con este café me doy por pagado. Ya tengo mi sueldo en el hospital, es suficiente. ¿Y ese niño que me mira tan serio? ¿Cómo te llamas?

—Me llamo Ceferino, pero mis amigos me dicen Messi.

—Juegas muy bien al fútbol ¿no?

—Regular. Pero multiplico muy bien.

RUCA

La estructura exterior se cubre de paja y juncos que protegen del frío y de la lluvia. Por dentro se refuerza con madera.

Aunque también las hay de base rectangular o cuadrada, la planta suele ser ovalada. Para construirla se forma una estructura exterior de ramas y troncos no muy gruesos.

Son muy amplias, de unos 200 metros cuadrados.

Solo hay una entrada, que se orienta al este para aprovechar el fresco en verano y el calor en invierno.

En el centro se enciende un fuego y el humo sale por una abertura del techo. Está siempre encendido. Y el humo se mezcla con la grasa de los alimentos y el vapor de agua formando un hollín que ayuda a impermeabilizar las paredes.

La ropa y utensilios del hogar se cuelgan de las paredes o del techo.

Las camas se colocan pegadas a la pared. Solo una tiene una pelota debajo: la de Messi.

El suelo es de tierra, por eso si andas en calcetines se te ponen sucísimos.

El mono vestido

El niño se despertó porque los mayores hablaban muy alto. La madre del niño dijo que tenía miedo del mono blanco y el padre respondió que no había nada que temer.

—Seguramente es un caníbal —añadió la madre—. Nos va a comer.

El niño se quedó paralizado y despertó a su hermano.

—Hay un mono blanco que nos va a comer.

—Aquí no podrá subir. Déjame dormir.

La casa de la familia era de las más altas del poblado, no llegaban ni los mosquitos. Nadie les comería. De todas formas decidió estar alerta.

Cuando abrió los ojos, era de día y el sol se colaba entre las ramas de las paredes. El niño se miró los pies por si el mono blanco se los había comido. Después, se miró las manos: estaba entero. La madre amasaba harina de sagú, una palmera de grandes hojas, y lo miró un momento.

—Dice tu padre que es un mono bueno. Que ha venido a hablar de Dios y le ha regalado dos ramas unidas que forman una cruz.

—¿Va a subir a nuestra casa?

—Si puede, sí. Está muy alta y creo que no sabe subir por el tronco.

—El mono es tonto. Un mono que no sube árboles es un mono tonto.

—Tu hermano ha bajado a recoger sagú del tronco de una palmera, deberías ayudarle.

—¿Bajar para que me coma?

—Nadie te va a comer.

El niño asomó la cabeza y contempló el mundo verde que se extendía abajo, las copas de los árboles, y justo bajo el tronco, sobre el que se sostenía su casa, una zona sin vegetación. Vio a varios hombres hablando con un mono cubierto de ropa. Tenía pelo blanco en la cara y trozos de piel cubrían sus piernas y el resto del cuerpo. No se estaba comiendo a nadie. De repente sonó un silbido y la madre también se asomó. El padre indicó con gestos que bajase.

—No vayas, mamá. No quiero que nadie te coma.

—Baja conmigo, verás que no pasa nada.

—Yo miraré desde aquí cómo os come a todos.

El niño volvió al trozo de piel de animal sobre la que se tendía para dormir. Al rato sintió una vibración, un terremoto pequeñísimo, y eso significaba que alguien subía. Se asomó y vio que el padre agarraba un perro para subirlo. Al niño le gustaba que el perro estuviese arriba y se arrimase a él para dormir. Pero antes de subir al árbol, el padre le dijo algo al mono vestido y este empezó a subir primero. El niño no permitiría que el gigante de la cara peluda se lo comiera. Cogió el trozo de madera hueca donde su madre amasaba sagú. Cuando vio que el mono vestido comenzaba a subir, tiró el trozo de madera. El cuenco giró mientras caía y el mono blanco miró hacia arriba justo antes de que le golpeara en la cabeza. El gigante peludo cayó hacia atrás y quedó tendido en el suelo. El padre del niño y el resto de personas del poblado miraron hacia su casa y le gritaron algo. Parecían enfadados. Había matado al monstruo blanco y comenzó a bajar por las hendiduras del tronco.

Al llegar abajo, vio que el mono blanco parecía un hombre y que tenía mucha sangre en la cabeza, pero estaba vivo. El padre le reprochó que hubiese intentado matar al gigante peludo y el niño le explicó que así no se comería a nadie. El más viejo del poblado limpió con agua la herida del hombre blanco y le hizo un vendaje con hierbas. El misionero miró al niño y sonrió. El niño se fijó en que los dientes eran simplemente dientes, el monstruo no tenía dentadura de monstruo.

La madre del niño le ofreció sagú al monstruo y el monstruo se lo comió. El niño pensó que si comía sagú no comería gente. El sagú llena mucho y no queda sitio en el estómago para brazos y piernas de gente. La madre le dio sagú al niño para que se lo ofreciera al gigante y el niño bajó la cabeza y obedeció. El monstruo le sonrió y el niño estuvo seguro de que no le comería. Sintió un cosquilleo en los pies y era el perro lamiéndole. Siguió con la cabeza baja a modo de disculpa. Después, se acercó al río y el perro fue a su lado. El monstruo era un monstruo bueno y se alegró de que después fuese a subir a la casa, la casa más alta del poblado.

CASA ÁRBOL

Quitan la copa del árbol para construir ahí la casa.

Hasta 1974 los korowai no tuvieron ningún contacto con otros pueblos. El primero en tener contacto con ellos fue un misionero holandés.

Construyen una base de troncos en un árbol (a veces varios que están cerca) y sobre ella montan la casa.

El suelo es de ramas fuertemente enlazadas cubiertas de hojas. Debe resistir el peso de familias de hasta diez personas.

CASA CHINA — CHINA (ASIA)

Los nombres de Lin

Wei dejó la bicicleta en el patio y entró en la casa. Su madre le pidió que llevase el agua caliente a la mesa. El padre y la madre de Wei bebían té durante la comida, pero Wei prefería agua caliente sola. Le dijo a su madre que esperase un momento y cruzó el patio hasta la puerta de la casa de Lin. A Lin su madre siempre le estaba gritando porque no paraba de comer, pero Wei no oyó nada. Lin era el niño más gordo y más fuerte del colegio. Siempre quería comer más para seguir siendo el más gordo y el más fuerte.

—*Baixiong* —gritó.

La abuela de Lin apareció en la puerta.

—¿Por qué gritas tonterías? —le preguntó a Wei.

Baixiong significa oso polar, que es como todos conocían a Lin. A Lin no solo le gustaba que lo llamasen oso polar sino que él había elegido el nombre. Como era el más fuerte, y le gustaba pelear, todos le hacían caso. Wei le preguntó un día si no prefería que lo llamasen *xiongmao*, que significa oso panda, porque en China hay osos pandas pero no osos polares. Lin le respondió que como volviese a preguntar tonterías le diría a todos que en vez de llamarle Wei le llamasen *bianfú*, que significa murciélago.

—He dicho Lin —mintió Wei a la abuela.

Las cuatro casas que daban al patio habían sido, hacía muchos años, una sola casa de una familia muy rica. Lin decía que él era el tataranieto del dueño rico, pero Wei sabía que no era verdad.

—Wei —lo llamó su madre—. Vamos a comer.

—Lin está en el hospital —le dijo la abuela a Wei.

—¿Por qué, abuela de Lin?

—Porque se ha comido un pescado crudo y le dolía mucho la barriga.

Wei se echó carne con salsa sobre su cuenco de arroz y empezó a comer con los palillos. Su padre le preguntó qué tal en el colegio y Wei dijo que bien. Después su padre le preguntó si él era el más fuerte de la clase y Wei miró hacia abajo sin contestar. La madre dijo que no era importante ser el más fuerte sino ser bueno y responsable.

—Pero dime, ¿eres el más fuerte o no? —insistió su padre.

—Sí —mintió Wei para que no le preguntase más.

El padre empezó a reír a carcajadas, orgulloso de su hijo, y se tumbó en la cama. Al momento empezaron a escucharse sus ronquidos.

—Tu padre parece un *xiongmao* —sonrió la madre.

Xiongmao, oso panda. Wei se acordó de su amigo Lin, *baixiong*.

—Si no eres el más fuerte, no pasa nada —le dijo su madre—. No es tan importante ser el más fuerte.

En ese momento se escuchó que alguien abría la puerta para pasar del primer patio al segundo y Wei y su madre se asomaron. Lin andaba mirándose los pies. La madre de Wei le preguntó a la de Lin qué ocurría y se pusieron a charlar en voz baja. Wei se acercó a Lin.

—Hola, *baixiong,* ¿ya estás bueno?

—Me han hecho un lavado de estómago y ya me siento mejor.

—¿Por qué has comido pescado crudo?

—Te lo digo si no se lo dices a nadie. Si se lo dices a alguien te pego.

—Vale.

—Los osos polares comen pescado, ¿no?

—Sí, eso es lo que vimos en la televisión en tu casa.

—Y no lo cocinan, ¿no?

—No, los osos no cocinan.

—Pues, por eso. Yo quería comer igual que los osos para ser más fuerte todavía, pero el médico me ha dicho que es malísimo comer pescado crudo. Ahora tengo que comer durante una semana solo bambú.

—Como un oso panda —se le escapó a Wei y creyó que Lin se enfadaría.

—Sí —rio Lin—. Voy a tener que cambiarme de nombre.

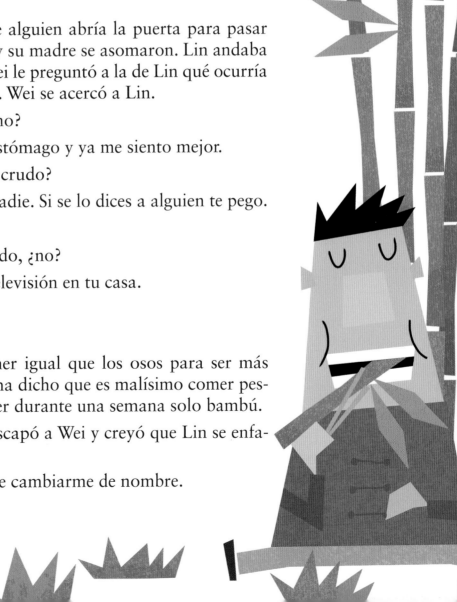

CASA CHINA

La casa tradicional china se construye sobre una base de tierra prensada para que esté por encima del nivel de la calle, así se evita la humedad.

Solo tienen una planta. De esta manera se ahorran tener que hablar del tiempo con sus vecinos en el ascensor.

Cada vivienda tiene una galería abierta delante, para protegerse del sol y de la lluvia.

Los muros y las distintas estancias son rectas, sin curvas, porque creen que eso trae buena suerte.

Estas casas conforman un entramado de callejones estrechos, llamados *hutong*, y se conservan en el casco antiguo de las ciudades chinas.

En el segundo patio hay muchas plantas, incluso algún árbol si el patio es grande.

La entrada de la calle da a un patio, donde otra puerta lleva a un segundo patio al que dan varias viviendas que antiguamente eran una sola muy grande.

Los deseos de Yoko

Yoko salió de la estación de metro y caminó hasta su casa. Al llegar, empujó la puerta y se sentó en el suelo del vestíbulo para quitarse los zapatos. Los guardó en el mueble, al lado de los rojos de su madre. Ya estaban también los zapatos grandes de su padre, que ese día había llegado antes. A través de la pared de papel de arroz, vio la sombra grande de su padre en el despacho. Pidió permiso para entrar. Su padre sonrió y le preguntó cómo le había ido en el colegio.

—Me han puesto la mejor nota en matemáticas. La peor ha sido para Nobita.

El padre volvió a sonreír, sabía que Nobita era un personaje de dibujos animados.

—¿No le ha ayudado Doraemon?

Yoko se rio.

—La profesora Yoshida nos ha enseñado a hacer grullas de papel, pero a mí no me salen. Es muy difícil. Dice que si alguien hace mil grullas de papel se le concede el deseo que haya pedido.

—Y tú, ¿qué deseo has pedido? ¿Se puede decir o es un secreto?

—No lo sé, pero te lo digo: mi deseo es tener un oso polar.

—En las casas no se pueden tener animales salvajes.

—Podríamos irnos a Groenlandia y vivir en un iglú, como la niña de un cuento que nos ha leído la profesora Yoshida.

—También se puede hacer un oso polar de papel. No es lo mismo, pero no destrozaría la casa ni estaría triste por vivir en una ciudad.

—¿Tú sabes hacerlo?

—Cuando era niño sabía, pero ya no me acuerdo.

Yoko dejó la mochila del colegio en su habitación casi vacía. Por la noche extendería la colchoneta y soñaría que un oso polar grande y blando, de pelo suave y olor a sábana limpia, dormía a su lado.

—Hola, mamá. ¿Tú sabes hacer grullas de papel?

—Hola, Yoko. Trae dos hojas.

Se escuchó la puerta de la calle y a las dos les extrañó que el padre saliera sin decir nada. A lo mejor iba a comprar *dorayakis* para el postre. Yoko sacó de una carpeta dos hojas y volvió al salón, donde solo había una mesa baja y unos cojines para sentarse. La madre le pidió que repitiera todos los dobleces que ella hacía en la hoja. Sobre la mesa quedaron dos grullas. La grulla de Yoko parecía más bien un pato, pero era una grulla. Vieron por la ventana regresar al padre, que traía una cartulina blanca enrollada. Qué pena, pensó Yoko, no ha comprado *dorayakis*.

Yoko cogió otra hoja y trató de hacer una grulla ella sola, pero no supo pasar del tercer paso. En la vida podré hacer mil grullas, se dijo. Oyó que su padre arrastraba el tabique corredizo del estudio y lo volvía a cerrar. Desde la cocina le llegó un olor que, mmm, no podía ser. Se levantó y fue corriendo. Su madre sacaba del horno una bandeja de *dorayakis*.

Cenaron en silencio. Sopa y después arroz con trozos de pescado, que comieron con los palillos. Yoko no dejaba de mirar los *dorayakis*.

—¿Puedes ir un momento a mi estudio? —le pidió el padre—. Trae la cartulina que está sobre mi mesa, por favor.

Yoko se levantó y cruzó el pasillo. Arrastró el tabique y no se lo podía creer: sobre la mesa de su padre había un enorme oso de cartulina. Inclinó la cabeza ante el oso y lo cogió con mucho cuidado, lo llevó al salón. Yoko colocó el oso de cartulina sobre un cojín y puso un *dorayaki* delante de él.

—Este oso no destrozará la casa —dijo Yoko.

—Ni se pondrá triste —añadió el padre.

—¿Si hago mil osos de cartulina se cumplirá mi deseo?

—¡En nuestra casa no caben mil osos!

—¿Cuál es tu deseo si se puede contar? —preguntó la madre.

—Ahora que ya tengo mi oso, el deseo es tener una grulla de verdad.

—Las grullas siempre van en pareja —explicó la madre.

—Entonces tengo que hacer dos mil osos de papel y pediré dos grullas.

CASA JAPONESA

Los tabiques que separan las habitaciones son correderos y hechos de papel grueso. Al ser móviles, se puede agrandar el salón si vienen muchos invitados.

Está hecha de madera. Y las habitaciones no se cierran con pestillo, pero nadie entra sin permiso.

El cuarto de baño estaba tradicionalmente en una habitación fuera de la casa, a la que se accedía por un pasillo con techo (galería). El váter está en una habitación y la ducha en otra.

Los zapatos se dejan en el vestíbulo de la casa. Al salir te los pones otra vez porque si no se te ensucian los pies o te puede pisar un luchador de sumo.

Como no tienen apenas muebles, cada habitación puede ser dormitorio o salón. Solo el baño y la cocina tienen una función determinada.

Se duerme en un futón sobre el tatami. El futón es un colchón fino que se guarda por la mañana y queda una habitación muy espaciosa.

El suelo se llama tatami y está hecho tradicionalmente de juncos.

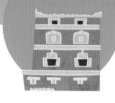

CASA EN SANA'A
YEMEN (ASIA)

La carrera de caballos

Después del verano habría una carrera de caballos en Sana'a, lo había dicho el profesor Lazhar. Abdu estaba decidido a ganar la carrera. Para eso solo necesitaba tener el caballo más rápido y lo tenía. Volviendo del colegio por los estrechos callejones de tierra, se lo contó a Alí.

—Pero para ganar necesitas un caballo, Abdu.

—Lo tengo. ¿Quieres verlo?

—Claro.

Llegaron al edificio donde vivía. Abdu empujó la puerta de madera que daba a las cuadras. Apenas se veía nada y esperaron unos segundos para acostumbrarse a la oscuridad.

—Mira —dijo Abdu.

—¿Que mire el qué?

—Mi caballo. El caballo más rápido de todo Yemen.

—Yo solo veo un burro.

—¿Un burro?

—Sí, eso de ahí es un burro, como tú si lo confundes con un caballo.

Salieron a la calle y estuvieron un rato en silencio.

—¿Cómo sabes que mi caballo es un burro?

—Porque los caballos son grandes y tu burro tiene tamaño de burro y cara de burro, como tú.

Abdu entró de nuevo en el edificio y cogió del suelo un poco de paja. Se acercó a Jasonen, le ofreció la paja y lo acarició. Jasonen significa caballo en árabe.

—Vamos a ganar la carrera. Solo tienes que comer mucho para ponerte grande.

Subió por las escaleras a la primera planta, donde estaba el salón. Otro tramo de escaleras lo llevó a la cocina. Su abuela y su madre estaban cociendo sémola.

—Hola, Abdu. ¿Qué tal el colegio?

—Bien. Mamá, creo que te estaba llamado Yamila.

La madre salió y Abdu esperó a que su abuela se diese la vuelta para poner la olla en el fuego. Entonces se acercó al cuenco donde había trozos grandes de azúcar y se escondió uno debajo de la camisa.

—Yamila no me estaba llamando —protestó la madre entrando en la cocina.

—¿No? Yo creía que sí. Voy a hacer los deberes.

Bajó las escaleras de dos en dos hasta llegar a la planta baja.

—Mira lo que he conseguido, Jasonen.

Se puso el trozo de azúcar en la mano y el burro se lo comió.

El verano fue muy caluroso y Abdu pasaba las tardes con Jasonen. Cada día repitió la misma merienda para el burro, y al final del verano Abdu creyó que el burro se había convertido en caballo.

El día de la carrera sacó al burro, que andaba muy despacio. Se colocó en la línea de salida, entre los caballos, y un hombre le dijo que apartase al burro gordo.

—No hagas caso, Jasonen —dijo Abdu—. Vamos a ganar la carrera.

El hombre comenzó a reír y los espectadores, al escuchar que llamaba caballo al burro panzón también rieron. Se formó un corro alrededor de Abdu. Todos lo señalaban y reían. Abdu acarició a Jasonen y le susurró que no hiciera caso, pero él no pudo evitar llorar. Todos siguieron burlándose de él hasta que una voz los mandó callar. Abdu levantó la mirada y vio a su padre.

—A lo mejor no gano este año la carrera —consiguió decir Abdu.

Su padre lo abrazó.

—¿Vamos a dar un paseo?

—¿Y te vas a perder la carrera, papá?

—Prefiero dar un paseo contigo y con, con ¿cómo se llama?

—Jasonen —dijo Abdu y miró sonriendo a su padre, que también sonreía.

CASA EN SANA'A

Las ventanas se decoran con adornos geométricos realizados con yeso y con cristales de colores.

Sana'a es la capital de Yemen. Es una ciudad hermosísima, una joya arquitectónica del mundo musulmán.

En esta ciudad hay edificios antiquísimos de hasta ocho plantas construidos con ladrillos de adobe.

En cada edificio vive una sola familia.

En las plantas superiores están la cocina y los dormitorios.

La terraza solo la usan los hombres, que se reúnen con sus amigos para masticar una hierba llamada *qat*. Las vistas desde arriba son espectaculares.

En la segunda planta se sitúa un salón donde se recibe a las visitas.

La primera planta se usa de despensa, donde se almacena trigo, azúcar o arroz.

La planta baja se reserva a los animales. Normalmente, los yemeníes saben diferenciar a un caballo de un burro, no como Abdu.

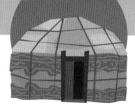

El potro de Nargüi

Nargüi cerró los ojos, los apretó, se cubrió la cabeza con la manta, cambió de postura, imaginó que cruzaba el desierto caminando y llegaba al mar, pero nada, no se podía dormir. Aunque aún no era invierno, escuchaba cómo el viento golpeaba la funda de tela de la yurta. Y lo peor no era eso sino escuchar por encima del viento los relinchos de los caballos. Nargüi distinguía el relincho de Naran, su potro. Se levantó y comprobó que su padre y su madre no habían apagado la luz ni la radio, aunque sonaba muy bajito. Se levantó.

—¿Otra vez las pesadillas? —le susurró su madre.

—No es eso —contestó.

—¿Qué ocurre? —preguntó su padre.

—Es Naran, mi potro.

—¿Qué le ocurre al potro?

—Está fuera.

—Claro, es un animal.

—Fuera hace frío.

—Todavía no hace frío. Además, los animales están preparados para soportarlo.

—Naran, no. ¿No lo oís relinchar? Tiene frío y miedo.

—¿Miedo?

—Sí, tiene miedo de que le ataque un oso polar, como a Nuiana.

—¿Quién es Nuiana? —preguntó la madre.

—Es una niña que vive en un iglú. La profesora nos leyó un cuento.

—Aquí no hay osos polares.

—Pero tiene miedo. ¿Puedo meterlo aquí?

—¿Aquí dentro? —su padre lo miró con los ojos muy abiertos.

—Podría ponerse junto a mi cama. Hay sitio.

—Sabes que los animales no pueden entrar en la yurta.

La madre se levantó y sirvió un vaso de *airag,* preparado con la leche de una yegua. Nargüi se lo bebió despacio. El bigote se le quedó blanco y la madre sonrió, imaginando cómo sería Nargüi de mayor, sin duda un buen hombre, sensible, como ahora. Le dijo algo a su marido, se puso la chaqueta de piel de camello y le pidió a su hijo que se pusiese la suya.

—Vamos a salir a hablar con ese potro charlatán que no para de decirte cosas —dijo la madre sonriendo.

El cielo cubierto de estrellas parecía un prado de hierba blanca. ¿Así sería el mar?, se preguntó Nargüi. Un caballo se sacudió y escucharon un trotecillo débil. Naran apretó la cabeza contra el pecho de Nargüi y él lo abrazó.

—Dice papá que aquí no hay osos —le susurró.

El caballo relinchó. La madre se agachó para tener la cabeza de Nargüi a la altura de la suya.

—¿Tiene cara tu potro de tener miedo de los osos polares? —le preguntó.

—Ya no.

—Claro que no, Nargüi, porque tú has salido y además su madre le protege.

—Como tú a mí.

—Claro.

El potro se alejó unos metros, donde estaban los otros caballos, y buscó a la yegua. La madre de Nargüi lo cogió de la mano y volvieron dentro.

—¿Quieres que te cuente la historia de Nuiana, mamá?

—Acuéstate y me la cuentas acostado.

Nargüi se acostó y empezó a decir que Nuiana vivía en un iglú. Pero no pudo seguir, no porque llegara un oso polar, sino porque se quedó dormido, soñando que ya era mayor y cruzaba la estepa montado en un caballo precioso y grande que era Naran.

YURTA

La yurta está construida de manera que es muy fácil desmontarla y volverla a montar en otro sitio, pues la utilizan pueblos nómadas.

Tiene forma circular para soportar mejor los vientos de la estepa. Los mantecados de Estepa son muy famosos, pero nos referimos a otra estepa.

La puer. de mad.

Los muros son de tablas de madera que se atan entre sí. Sobre las tablas se colocan pieles para aislar mejor.

No disponen de agua corriente ni de baño, lo cual es un rollo en invierno, pero qué le vamos a hacer.

El espacio interior no está separado en habitaciones, pero a veces colocan unas cortinas para conseguir esta separación. A Nargüi por ejemplo no le da vergüenza cambiarse delante de los demás, pero a su abuela sí (y a su abuelo).

Al fondo hay un pequeño altar.

En el centro colocan dos pilares también de madera y entre los dos se pone la estufa.

Las camas se colocan junto a la pared. Lo bueno de una cama pegada a la pared es que solo puedes caerte por un lado.

Groenlandia

Isl

EUROP

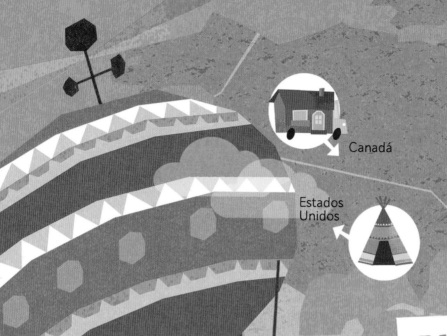

Canadá

Estados
Unidos

AMÉRICA

OCÉANO
ATLÁNTICO

Perú

OCÉANO
PACÍFICO

Argentina

ANTÁRTIDA

Suecia

Mongolia

Holanda

Austria

China

Francia   Italia

España

Japón

Marruecos

ental

Yemen

ASIA

kina

Benín

Camerún

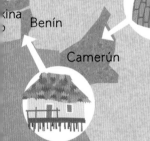

OCÉANO
ÍNDICO

Indonesia

ÁFRICA

OCEANÍA